AF452823

DESCRIPTION

CURIEUSE ET INSTRUCTIVE,

DES

MODÈLES ᴇɴ PISÉ,

Et autres que l'on voit dans l'Atelier du sieur COINTERAUX, situé sur le chemin de Vincennes, près de la barrière du Trône.

~~~~~~~~~

1º. L'ANCIEN pisé des Romains, exécuté avec le grand moule :

Remarque. Le sieur Cointeraux, en cet atelier, se proposoit, soit pour les arts civils, soit pour les travaux militaires, d'instruire et former des élèves. Dans ce but, il a cru devoir employer différentes natures de terre pour leur faire juger du médiocre, du bon, jusques à l'excellent pisé. Le lecteur pourra donc en distinguer de différentes qualités.

2º. Le nouveau pisé de l'auteur imite l'appareil des pierres les mieux taillées :

R. Chacun, à l'inspection de ce procédé, sera à même de juger du mérite de cette invention ; mais un de ses grands avantages est de pouvoir en faire usage en tout temps comme en tout lieu ; car ce nouveau pisé se fabriquant à couvert, soit sous un hangar ou un appentis, soit dans une cave ou cellier, partout en un mot, la pluie, la neige, les

<div align="center">A</div>
~~~~~~~~~

frimas, l'hiver enfin le plus rigoureux ne sauroient en arrêter l'opération ; les ouvriers d'ailleurs s'échauffant à ce travail.

3°. La petite cabane au milieu de la cour de cet atelier, et qui est dallée en pierres, servoit pour la fabrication de ce nouveau pisé :

R. C'est cependant de ce seul réduit que sont sortis de leurs moules tous les moellons de pisé que l'on apperçoit en cet atelier, les uns posés pour murs de clôture, les autres pour bâtimens et une voûte. Donc, avec un semblable réduit, l'on construiroit en terre la plus vaste maison, la clôture la plus étendue, un hameau, un bourg, etc.

4°. Deux essais de peinture à fresque sur le pisé, l'un en paysage dans la cour, l'autre en architecture dans le petit jardin :

R. Que l'on veuille bien se figurer la maison la plus élégante, la plus jolie, la plus riante que l'on puisse faire. Eh bien ! le pisé la procure. Ce n'est plus cette couleur laide, telle que le comporte la terre. Non, non ! si le sieur Cointeraux n'eût pas manqué de moyens pour pouvoir continuer ces peintures, aujourd'hui son atelier seroit charmant ! Et pourquoi ? parce que la vivacité des couleurs n'est jamais altérée ni par colle, ni par huile, enfin par aucune essence, cette peinture solide ne s'employant qu'à l'eau.

5°. Une maison vis-à-vis le parc de Vincennes, où sont deux colonnes de pisé supportant une charge très-considérable, telle que celle d'un plancher massif.

R. Le pisé de cette maison est si soigné, qu'il durera
plus de six cents ans, les fondations d'ailleurs étant en bonnes
pierres ; à l'égard des colonnes, elles supportent un tel
fardeau, que chacun est en état de juger de toute leur
solidité.

6°. Une autre maison dans la cour, dont des
murs de nouveau pisé supportent également un
plancher massif :

R. Les moellons de terre, néanmoins, ne sont posés et
liés qu'avec un mortier sans chaux ; ce qui prouve que dans
toutes les campagnes il est facile de bâtir, sur-tout lorsque
l'on fera fabriquer chez soi les moellons de pisé.

7°. Une haute colonne de pisé, à côté de cette
maison, supportant provisoirement un toit :

R. Cette colonne, faite à la hâte, et seulement avec des
restes de pisé, doit être démolie ; néanmoins elle est solide.

8°. Des remises tout au long de la cour, entre
elles, au milieu, est le passage à voitures : mais
deux de ces remises sont momentanément bouchées
en appareil de pisé ; une troisième en rebut de
pierres :

R. L'auteur se proposoit de former sur toutes ces remises
une longue galerie, enceinte, soit sur le chemin de Vincennes, soit du côté de la campagne, de jolies colonnes de
pisé, pour pouvoir supporter le toit au-dessus d'une pro-
menade aussi agréable.

9°. Indépendamment des murs de clôture en
ligne droite, il en est de disposés pour concentrer

les foyers de chaleur du soleil, suivant la latitude du pays que nous habitons, les uns en zigzag, à l'orient et à l'occident, les autres en parties demi-circulaires au midi ; les murs divisent le grand d'avec le petit jardin :

R. C'est ce petit jardin qui devoit servir d'étude particulière aux élèves ; c'est là que le sieur Cointeraux leur auroit démontré que pour obtenir des fleurs odoriférantes, des fruits d'un goût exquis, il falloit, toujours la boussole à la main, disposer les murs de cette manière ; et où d'ailleurs les arbres en espalier se trouvent si bien, étant là chez eux, abrités enfin.

10°. En ce petit jardin existe *une voûte en terre ;* elle est, comme l'on voit, en arcs ogives ou surhaussés ; tandis qu'une voûte, également *en pisé,* que le même auteur avoit érigée en 1789, près des Champs-Elysées à Paris, se trouvoit en plein cintre : il a donc dû, pour plus grande instruction, changer la forme de cette dernière :

R. Faire ici un bel exposé de cette singulière construction seroit absolument inutile. Toute personne, en examinant cette voûte, est en état d'en concevoir tous les avantages, ne la voyant d'ailleurs soutenue que par des murs d'une très-mince épaisseur.

Mais pour l'intérêt de ceux qui sont peu au fait de l'art de bâtir, le sieur Cointeraux ne doit-il pas faire remarquer que tout tailleur de pierres est tenu de travailler, tourner et retourner sans cesse chacun des voussoirs, comme ayant cinq faces, c'est-à-dire deux joints, deux têtes et l'intrados

Eh bien ! ces voussoirs sortent ici tout taillés, tout façonnés ; on les retire les uns après les autres du moule absolument parfaits ; et qui le croira ? il n'en coûte à un ouvrier que le temps d'un quart d'heure pour fabriquer un voussoir. Maintenant que l'on calcule le grand nombre de pièces que nécessite toujours chaque voûte, tant petite soit-elle, et l'on jugera de la grande économie et de l'expédition que ce nouveau genre produit.

11°. La planche ci-jointe, avec la réfutation du sieur Cointeraux, écrite au bas de cette gravure, suffit sans doute pour se garder de suivre une si vicieuse méthode que celle qu'osent conseiller les contre-facteurs :

R. C'est à Vienne qu'une société d'artistes, dit-on, a publié, d'après l'auteur, cette nouveauté : il importe aux têtes couronnées d'en empêcher l'exécution ; elles témoignent leur reconnoissance à d'autres artistes français qui ne s'occupent pas, comme le sieur Cointeraux, de servir la généralité de leurs peuples. Non, les monarques sont trop justes pour souffrir dorénavant qu'un seul de leurs sujets avec l'achat d'un des livres du sieur Cointeraux, répande, ou en Allemagne, ou en Angleterre, ou en Prusse, etc., ces nouvelles productions, qui ont des règles et des principes dont on ne sauroit s'écarter sans exposer des familles entières. En attendant que le sieur Cointeraux soit secondé, comparez, lecteur, cette voûte avec celles gravées en cette planche.

12°. Le plancher massif de la maison dont il est parlé au 5° article, est d'un genre *métis*, comme

participant de l'art des voûtes et de l'art des planchers. L'origine de cette invention se trouve dans
la manière avec laquelle on bâtit les caves à Lyon:
ce n'est donc point, là, cette charpente en simples
planches, de Philibert Delorme ; ah ! celle - ci
trompe tous ceux qui l'emploient, par sa trop
grande légéreté et inflammabilité :

R. Lorsque le menuisier eut exécuté le bâti de ce plancher, le sieur Cointeraux le regardoit et rioit de sa sur-
prise. Cet ouvrier y marchoit, y sautoit, et toujours y trouvoit une solidité presqu'incroyable. Quoi! disoit-il, avec
des bois de déchirage de bateaux, où ne sont enfilés que
des échalas, faire des planchers aussi tenaces; il n'est besoin
d'y rien ajouter ! Mais le sieur Cointeraux, comme s'oc-
cupant de prévenir les incendies, fit garnir les intervalles
de cette carcasse avec des débris de matériaux, et les y em-
ploya en forme de voûte. Le plâtre, très-abondant à Paris,
lia ces débris ; en d'autres lieux l'on peut se servir de mortier de chaux, même tout simplement de mortier de terre.
L'on voit encore ici combien il seroit à desirer que cet artiste
pût publier ses diverses autres méthodes de faire les planchers.

13º. Le toit de cette maison est également particulier : plus de fermes autant désagréables qu'elles
sont gênantes; plus d'interstices où l'air, la pluie, la
neige, le jour, le froid, la chaleur, pénètrent; plus
de mal-propreté et de laideur sous les toits, et
tout l'espace de ce dernier étage des bâtimens est
rendu à l'humanité ; il sera dorénavant à la dispo-

sition de chaque ménage : des greniers, les familles feront des chambres toutes les fois qu'il leur plaira. Le lecteur ici le voit, en est convaincu :

R. Ce ne sont néanmoins que quelques planches de rebut, entremêlées et confondues avec de la maçonnerie, qui produisent tant d'avantages et de commodités. Le lecteur conçoit que le plus agréable appartement se trouvera à la cime de la maison. Au fait, celui-ci ressemble aux églises : voyez ces vitraux qui procurent le plus beau jour, sans qu'il soit même besoin de fenêtre. Notez que ce qui doit satisfaire tout le monde, je veux dire tous les peuples et monarques, est la sanction que vient de donner sur ce nouveau toit, l'Institut impérial de France, d'après le rapport avantageux que lui en ont fait ses commissaires (*MM. Monge et Prony*), le 30 juin 1806, dont expédition a été délivrée au sieur Cointeraux, le lendemain 1er juillet, par M. *Delambre*, secrétaire perpétuel.

14°. Dans un cabinet pratiqué dans l'une des remises sur la cour, l'on voit avec quelle force les enduits de plâtre s'attachent sur le pisé, ainsi que sur les nouveaux planchers de l'auteur ; car celui-ci en est encore un :

R. Il est certain que des salles, chambres, salons et autres construits en pisé, sont susceptibles d'être décorés en architecture, avec panneaux, ornemens et moulures en plâtre. Le sieur Cointeraux en a maintefois fait exécuter dans des maisons de campagne du Lyonnais ; mais il dira avec franchise, que pour faire solidement tenir les enduits sur le pisé, il est urgent d'ajouter, quand on le fabrique, à la terre du lieu , des débris de démolition que l'on a toujours chez soi, tandis que pour s'en débarrasser, on les a jusqu'à présent fait transporter à grands frais, et souvent très-loin. Que l'on apprécie ce double avantage !

15°. En l'autre cabinet à côté, l'on voit les murs nus, ainsi que son plancher incombustible :

R. Que l'on reconnoisse ici le mélange que l'on vient d'indiquer ! Eh bien! des murs de cette sorte recevront un enduit quelconque , qui durera tout autant que la maison construite en pisé. Tels sont les enduits en plâtre pur, ou les enduits en chaux et sable, ou les enduits en blanc , en bourre, sur lesquels l'on peindra à la détrempe ou à l'huile, ou tout uniment à l'eau , qui est celle-ci, la peinture à fresque ; et toutes ces peintures peuvent représenter des fonds unis; ou des sujets d'histoire, ou enfin des paysages. Le lecteur a ici une idée de ce dernier genre au dehors de ce cabinet : par-là, il peut être convaincu de la facilité de décorer superbement les vestibules, escaliers, chambres, sur-tout les salles à manger; en un mot, de rendre charmante toute maison de campagne.

16°. En face de ces cabinets, et dans l'intérieur de la maison indiquée en l'article 6, sont des cases dans l'épaisseur des murs; cases qui étoient alors destinées pour les nids de la volaille :

R. — L'on voudra bien se rappeler que les moellons de pisé sortent tout taillés de leur moule. Ainsi il ne s'agit plus que de les poser, pour fournir à volonté toutes ces cases, sans qu'il soit besoin de ces soins scrupuleux pour leurs angles extérieurs et rentrants qu'exige l'art de la maçonnerie. C'est donc l'habileté et la grande économie qui va se faire sentir dans toutes les campagnes : chacun pourra chez soi, en s'amusant, ériger des volaillers, colombiers, cabanes, réduits; tout en procurant aux mères les aisances qu'elles cherchent, qu'elles desirent.

17°. Dans le grand jardin, par le modèle d'abri en pisé que l'on voit, l'on ne sauroit avoir qu'une foible idée de ces constructions si avantageuses :

R. Si cet abri eût été entretenu, que cet atelier n'eût pas resté long-temps abandonné, il prouveroit aujourd'hui par les meilleurs plans, mis à son pied, combien il est intéressant qu'on en fasse de semblables dans toutes les propriétés.

18°. Les fermetures des portes d'entrée ne sont, il est vrai, qu'en bois de déchirage de bateaux, et seulement doublées en simples feuillets; néanmoins elles sont très-solides par la manière de les clouer et d'en joindre les planches :

R. Ce vieux bois de sapin est à rainure et languette de bas en haut de chaque porte, et le bois dur des feuillets, posés en travers, n'a point cette façon compliquée. Ces feuillets ont simplement leurs jointures dressées, et ces jointures sont faites en angles aigus, de manière que l'un de ces angles remonte intérieurement par derrière l'autre; ce qui empêche irrévocablement la pluie de pénétrer entre le doublage.

19°. C'est le portail sur-tout qui est curieux : sa

fermeture à deux grands ventaux, est infiniment plus légère, plus commode et beaucoup plus solide que les portails que l'on fait avec du bois de triple épaisseur, et de beaucoup d'assemblages. Qu'on y ajoute les fortes ferrures, qui coûtent immensément, et que l'on jette les yeux sur les simples ferremens de ce portail !

R. D'abord le même procédé de doublage que l'on vient de désigner a été suivi pour ce portail; mais ce qui doit faire redoubler d'attention est le compartiment des clous. Si pour faire rendre tout l'effet à cet arrangement de têtes de clous, l'auteur y eût pu peindre de diverses couleurs, avec leurs ombres, le dessin varié qu'on y aperçoit; ah ! pour le coup l'on seroit bien étonné, sur - tout en considérant qu'il est possible de faire les plus beaux portails avec si peu de matière et tant de simplicité.

L'on demanda une fois cent écus à l'auteur pour la menuiserie d'un portail. Il répondit aussitôt: *Avec ce prix je bâtirois une maison.*

20°. Ce qui surprendra encore, même ceux qui sont parfaitement experts en l'art du pisé, est d'y voir des gonds de portes et de contrevents :

R. En effet, c'est la première fois que l'on a scellé des gonds dans le pisé. Dites-le aux Lyonnais, ils ne pourront y croire. L'auteur, lui-même, n'en avoit point jusqu'alors fabriqué d'assez dur pour résister aux efforts continuels, que font par leur poids et par leur jeu toutes les fermetures pesantes, comme ne portant que sur un point d'appui. N'est-il donc pas bien présumable que si ce laborieux ar-

tiste eût pu continuer ses expériences, il seroit parvenu
à ouvrir à l'industrie humaine, tout comme le célèbre
Haüy , une nouvelle carrière de connoissances. En effet,
quand l'on réfléchit que la minéralogie manque en cette
partie si essentielle ; il sera toujours fâcheux de voir le
sieur Cointeraux arrêté en si beau chemin.

21°. Eh! n'a-t-il pas encore été arrêté dans la
construction d'un bâtiment qui auroit servi de
modèle pour toutes les cours qui ont intérêt de
faire fructifier les campagnes? Voyez ce bâtiment
commencé ; il laisse apercevoir un vestibule, la
place d'un escalier à deux rampes, une salle d'étude
pour les élèves, une salle à manger, cuisine et dé-
pendances, jusqu'au logement du concierge. Tous
les murs de pisé en étoient déjà élevés hors du sol;
ils auroient renfermé deux étages, sans celui du
rez-de-chaussée.

R. Ainsi tous les planchers, toutes les parties minu-
tieuses du bâtiment auroient présentés quantité de nouvelles
méthodes, qui sont à jamais perdues pour le genre humain.
Il reste néanmoins la ressource de les faire imprimer ou
modeler. Le sieur Cointeraux y consacreroit le reste de sa
vie, si l'on vouloit bien lui en fournir les moyens, obser-
vant qu'il ne demanderoit rien pour lui, seulement les
minutieux frais de ces gravures et impressions.

OBSERVATION.

Plus ces nouveaux procédés sont faciles , plus ils sont de
la plus haute importance. Les principes sévères d'une géo-

métrie compliquée , les épineuses et profondes règles des mathématiques, seront-ils les seuls enseignés ? Les conceptions heureuses et utiles ne pourront-elles pas aussi avoir leur place : elles, ces productions du génie , qui si efficacement peuvent rendre de si grands services aux peuples ? Mais le sieur Cointeraux ne demande que d'émettre ses pensées, de laisser après son décès des matériaux propres à fortifier le pouvoir suprême , à soulager l'humanité , à rendre, enfin, les hommes heureux.

« Un logement, une plume et des compas, voilà les » seuls objets qu'il desire. Il a lieu d'attendre de ses judi- » cieux contemporains cette dernière consolation. »

22°. En sortant de cet atelier, l'on trouve à droite un nouveau chemin donné par le sieur Cointeraux au public.

R. Les précédens possesseurs du terrain de cet atelier avoient constamment refusé ce passage à leurs voisins, et le sieur Cointeraux, en le leur fournissant, a voulu que tout le monde en profite : l'on voit avec satisfaction cette voie ouverte à quantité de villages, notamment à Vincennes, Montreuil, Rosni, Villemonde et autres. Voilà comme avec un léger sacrifice l'on opère le plus grand bien.

23°. Maintenant *allez aux Tuileries*, et vous y trouverez encore l'ouvrage du sieur Cointeraux.

R. Il est consigné dans la seconde partie de son livre sur les embellissemens de Paris, intitulé : *Paris tel qu'il étoit à son origine ; Paris tel qu'il est aujourd'hui.* Voilà donc encore cet artiste sans cesse dévoué à la chose publique : il aperçoit les fautes que l'on va faire ; le temps presse,

puisque deux programmes sont publiés, les plans gravés
et partout répandus pour embellir partiellement la capitale.
Dès-lors, il s'adresse au ministre des finances, et sur la
lettre qu'il en reçoit le 4 décembre 1797, il ne voit d'autre parti que de dresser un Mémoire qu'il accompagne de
deux plans : avec ces pièces, il démontre évidemment le
tort qu'on alloit faire à la gloire des Français, et la nécessité d'abattre le laid mur de clôture de la terrasse des
Feuillans pour le remplacer par une grille en fer, grille
qu'en ce mois de juillet 1806 l'on fait enfin poser.

Ce fut pour lors que le conseil des cinq-cents et celui des
anciens, les 11 et 14 mars 1799, reconnurent la vérité et
l'erreur. En pleine séance, chacun de ces corps rendit jus-
tice au zèle du sieur Cointeraux, et en fit la mention la
plus honorable : le directoire intervenu, ordonna, pour
l'avenir, la suppression de tout embellissement partiel.

24°. Le percé qu'en ce même mois de juillet
l'on exécute à travers le couvent des Feuillans et le
monastère des Capucines, entroit également dans
les vues du sieur Cointeraux pour communiquer
des Tuileries au boulevard de la chaussée d'Antin.

R. Pour mieux faire sentir l'avantage de ce beau percé,
il fit calquer sur le grand plan du sieur Verniquet, les sols
qui comprennent ces deux couvents, ainsi que partie des
Tuileries et du boulevard, avec la place Vendôme. Il traça
d'après ces mesures cette superbe communication, l'accom-
pagna des notes bien senties, et adressa le tout au ministre;
il y ajouta son opuscule imprimé sur *l'art d'embellir le
Louvre et les Tuileries ,* comme formant, toutes ces com-
munications et embellissemens, un ensemble dont il étoit

impossible de s'écarter, mais dont le point de réunion se trouvoit à la rue magnifique, le long du jardin des Tuileries, qu'il avoit tant recommandé de ne point obstruer, nommée présentement *rue de Rivoli*.

25º. Comment le sieur Cointeraux ne se seroit-il pas intéressé à ce qui regardoit de si près les habitans de Paris, lui qui avoit déjà fait les plus grands efforts pour la ville de Lyon ? En 1780, il y créa deux nouvelles rues, au faubourg de Vaise, en bâtissant une île de maisons en pisé; île qui fut bordée de 24 boutiques, premier et second étage au-dessus :

R. M. l'intendant de Lyon profita de la décoration du sieur Cointeraux; car celui-ci avoit fait joliment peindre ces maisons de terre, pour faire ériger à leur extrémité une pyramide, réunissant et indiquant, par deux inscriptions, les deux grandes routes de Paris, qui aboutissoient à cette pyramide, formant le centre d'une belle place circulaire; l'une de ces routes par la Bourgogne, l'autre par le Bourbonnois. Ce fut donc cet artiste qui fit tout-à-coup agrandir le commerce et l'industrie de ce quartier; qui fut la cause des premières impositions : elles ont considérablement rendu à l'état depuis 1780; et ces mêmes impositions sont aujourd'hui portées à un gros capital.

Mais M. l'intendant, à cette époque, avoit déjà fait espérer une juste récompense au sieur Cointeraux : loin de là, le siége de Lyon ayant dégradé et incendié tous ces corps de bâtiment, ce Français si zélé est devenu le créancier légitime du gouvernement pour un capital de 48 mille francs.

26°. Le sieur Cointeraux n'a pas toujours bâti en pisé ; en 1782, comme architecte, il a conduit un monument en pierres de taille jusques au toit, sur la plus belle place de la ville de Grenoble.

R. Invité par les Consuls de cette ville, et des membres du parlement, pour leur procurer une Halle qui manquoit à Grenoble, et que leur refusoient les religieux domini- cains dans leur immense couvent, le sieur Cointeraux, qui avoit un si grand penchant pour le bien public, ne man- qua pas de profiter de l'avis de ces magistrats. En con- séquence, dans ses plans, il sut ménager une issue en face de la rue de Baune ; elle est aujourd'hui établie, CETTE HALLE, en ce jadis couvent. Cet artiste a donc fait ce bien public de plus.

27°. Que le lecteur veuille bien considérer la position du sieur Cointeraux à Paris, où il a été contrarié dans ses conduites et dans ses entreprises de pisé. Des propriétaires ont voulu se charger des fondations en les faisant faire par d'autres ouvriers que par les piseurs ; d'autres, non contens d'éco- nomiser plus de la moitié avec ce genre de bâtir, ont cherché par des voies contraires à la solidité, à épargner encore plus : en abrégé, il en est plu- sieurs qui n'ont pas daigné suivre les conseils de cet expert.

R. Le pisé est un, un total ; il ne souffre nul partage. Comment donc vouloir qu'un art impérieux, tel que celui- ci, puisse se plier aux volontés humaines ? Si, par exemple,

une toise ou double mètre quarré de pisé, a un poids
beaucoup plus considérable qu'une semblable toise quarrée
de maçonnerie en pierres, ce genre de construire doit
donc nécessairement avoir un bon fonds, c'est-à-dire, une
fondation ferme, et capable de résister à un si lourd fardeau. Eh bien! des personnes plaignent cette dépense :
qu'elles renoncent donc à bâtir de cette manière!

28°. D'après ce qui vient d'être expliqué, le
sieur Cointeraux ne citera de ses œuvres, à Paris,
que les différens pisés de son atelier sur l'avenue
de Vincennes; que le mur de clôture en pisé qu'il
a fait pour la maison de santé, rue Picpus, près
la barrière du Trône; que la maison de pisé pour
M. Pidoud, porcelainier, rue S. Sébastien ; que
celle pour M. Lamothe, salpêtrier, rue Folie-
Méricourt ; enfin que l'hermitage également en
pisé, pour M. le préfet de police, à Vitry.

R. Tous ces pisés sont excellens.

29°. Ah! certainement le sieur Cointeraux n'a
pas toujours bâti en pisé : tantôt, dans sa jeunesse,
il construisoit les murs avec des cailloux pointus,
tels que ceux qui pavent les rues de Lyon, et qui
blessent tant les pieds; tantôt avec des moellons
plats; tantôt avec des pierres de taille, ainsi qu'il
a élevé une maison rue S. George, dont l'appareil
tout particulier, étonna même *les appareilleurs
de bâtimens*. Mais encore n'a-t-il pas repris sous-

œuvre,

une maison de cinq étages, rue de l'Arsénal, qui
fit également l'admiration.

Il n'est donc pas surprenant qu'il ait bâti dans
la même ville, sur la côte de Saint-Just, la plus
grande et la plus haute maison que l'on puisse
faire en pisé; sur le chemin du Calvaire, l'auberge
des Machabées: sur la montagne de Fourvières,
plusieurs maisons canoniales, toujours en pisé,
ainsi que d'autres dans les campagnes; mais il
tenoit de ses parens entrepreneurs, cette méthode:
ses ayeux mêmes ont beaucoup construit en pisé.

R. Cet art, comme l'on voit, est très-ancien dans le
Lyonnais; mais il s'y perpétuoit comme le font les bonnes
gens. Le sieur Cointeraux, attiré dans la lutte des concur-
rens pour prévenir les incendies, eut recours à cette manière de bâtir. Qui mieux que lui pouvoit la perfectionner?
N'avoit-il pas déjà excellé dans l'art d'assembler et de diriger
la coupe des pierres? Il est donc grand dommage qu'il
n'ait pu approfondir davantage l'appareil du pisé; qu'il
n'ait pu porter plus loin la taille des bois; qu'il n'ait
produit que quelques nouveautés dans les manutentions,
méthodes et procédés; mais enfin cet artiste, comme l'on
vient de s'en convaincre, a fait pour la patrie tout ce qu'il
a pu, même au préjudice des siens.

Fin pour le grand Atelier.

B

PETIT ATELIER

DU SIEUR COINTERAUX,

Rue Folie-Méricourt, n°. 4, à Paris, près le boulevard du Temple.

Messieurs Chalgrin, Norry, Raymond, Viel et Rondelet, tous architectes à Paris, après leur rapport avantageux fait le 21 août 1803 au ministre de l'intérieur, et sur l'urgence de continuer l'école avec les modèles dont on vient de donner la description, mirent par un refus le S. Cointeraux dans la dure nécessité de tout abandonner, et de se retirer avec sa famille en la capitale, où il a formé ce simulacre d'atelier. On voit dans celui-ci.

1°. Six grosses colonnes de pisé supportant une corniche architravée.

R. Quel est le détracteur qui osera soutenir que ce n'est point là un travail très-solide? Où est le propriétaire qui ne sentira pas ici son intérêt? Quoi! avec de la terre, pouvoir ériger des colonnades, des pilastres, des piliers, et les faire servir à mille et mille objets que nécessitent les travaux multipliés de la campagne; aux divers logemens des hommes et de leurs animaux; à tous les couverts connus sous les noms de remise, d'hangar, d'apentis, de passage, de corridor, de galerie, etc. C'est sans doute le chef-d'œuvre de l'esprit humain; l'unique voie d'épargner sa bourse; l'agrément d'être le maître de faire ce travail en tout temps, avec la ressource d'y pouvoir employer ses enfans et domestiques, même les pauvres.

Petits modèles en bois, et autres matières que fournit le sieur Cointeraux, avec les explications imprimées.

Nota. Ce sont les Anglais et autres étrangers, qui ont demandé à l'auteur ces petits modèles : beaucoup de Français seront sans doute également charmés de les posséder, pour ne point être arrêtés lorsqu'il s'agit de mettre la main à l'œuvre.

1°. *Modèle des outils de l'ancien Pisé*, sur l'échelle d'un pouce pour pied, dont on trouve l'explication dans le premier cahier de la collection du Pisé, à Paris. . . . . 4 fr.

Et franc de port avec la boite. . . . . 6 fr.

2°. *Modèle des moules du nouveau Pisé*, sur la même échelle, dont on trouve l'explication à l'article 13 des livres. . . . . 6 fr.

Idem. . . . . , ... 5 fr.

3°. *Modèles des murs de clôture circulaires avec celui des outils pour ces nouveaux murs*, ensemble l'explication où est désignée l'échelle et les principes des foyers de chaleur. . . . . . 9 fr.

Idem. . . . . 12 fr.

4°. Ceux qui ne voudroient que les modèles d'outils pour les murs circulaires, avec l'explication, ci . . . . 4 fr.

Idem . . . . , ... 6 fr.

5°. *Modèle d'un toit incombustible* pour logement personnel, et l'explication pour en aider les ouvriers. . . . . 7 fr.

Idem. . . . . 10 fr.

6°. *Modéle d'un plancher incombustible* pour logement personnel, et l'explication. . . 3 fr.

Idem. . . . . 5 fr.

7°. *Modéle d'un toit incombustible* propre aux logemens des fermiers, et pour les écuries, granges, étable et autres, avec l'explication. . 6 fr.

Idem. . . . . 9 fr.

Nota. Le 30 juin 1805, ces toits ont été approuvés par l'Institut.

8°. *Modèles d'un nouveau dégrappoir*, qui peut grandement servir lors des vendanges; celui de son râteau, avec l'explication. . . . . 6 fr.
Idem. . . . . 9 fr.

9°. *Modèle d'une citerne en béton*, imitant la forme d'un œuf, ensemble le modèle de son cintre en bois, et celui du purgeoir pour clarifier l'eau, avec l'explication où l'on trouve la méthode de faire le béton. . . . . 9 fr.
Et franc de port avec la boîte. . . . . 12 fr.

10°. *Modèle du moule propre à faire des voûtes en Pisé*, avec une instruction raisonnée sur l'avantage que chacun aura de construire de pareilles voûtes en ne faisant usage que de la terre; dessous ce moule est tracé, à l'encre, l'épure, ou les traits pour prendre la coupe et construire le moule. . . . . 4 fr.
Idem. . . . . 6 fr.

11°. *Modèle d'une Cheminée d'après l'Avis au Peuple sur l'économie de son bois*. au moyen duquel le moindre ouvrier pourra faire cette réparation. Ce modèle est de plusieurs pièces; il peut facilement se démonter et se remonter. . . . . 5 fr.
Idem. . . . . 8 fr.
Nota. Est joint à ce modèle un cahier pour l'instruction.

S'adresser chez le sieur Cointeraux, rue Folie-Méricourt, n°. 4, boulevard du Temple, ou chez le sieur le Normant, rue des Prêtres Saint-Germain-l'Auxerrois, vis-à-vis l'église.

Nota. On expédiera, franc de port, aussitôt qu'on aura reçu une reconnoissance par la poste, soit pour un ou plusieurs articles ci-dessus mentionnés.